COMPLAINTE

SUR LA MORT

DU

DROIT D'AÌNESSE.

IMPRIMERIE DE VICTOR CABUCHET,
RUE DU BOULOI, N° 4.

COMPLAINTE

SUR LA MORT

DE HAUT ET PUISSANT SEIGNEUR

LE

DROIT D'AINESSE,

DÉCONFIT

AU LUXEMBOURG, FAUBOURG-S.-GERMAIN, ET ENTERRÉ DANS TOUTE LA FRANCE, EN L'AN DE GRACE 1826;

ACCOMPAGNÉE DE NOTES,
COMMENTAIRES ET PIÈCES JUSTIFICATIVES,
ET PRÉCÉDÉE D'UNE PRÉFACE;

PAR CADET ROUSSEL,
Et une Société de Publicistes, Jurisconsultes,
et Gens de lettres.

PARIS,

TOUQUET, GALERIE VIVIENNE.

AVIS
DE L'ÉDITEUR.

Cette Complainte étant la seule véritable, nous prévenons le public qu'il ne doit pas en acheter d'autres, de même qu'il ne saurait trop prendre de celle-ci.

PRÉFACE.

Je puis dire, sans m'en faire accroire, que je suis un particulier très-connu depuis long-temps; et un chacun sait que je suis bon enfant. Or donc ainsi comme ça je n'irai pas par quatre chemins; et je n'ai pas besoin de faire des phrases et des péroraisons préparatoires pour entrer en matière.

Quoique je sois cadet et puîné, dans ma position, je peux bien ne guère aimer le droit d'aînesse ; et du moment que ça est venu sur le tapis, je me suis levé contre avec impartialité. Je me suis dit à l'instant ce beau vers de Molière ou de J.-J. Rousseau, dans une tragédie que je pourrais prendre pour épigramme au bas de mon intitulé :

Un frère est un ami que nous donne la nature.

Et je me suis écrié : Quoi ! on va en faire un ennemi légitime, en donnant à l'un des avantages spécieux ou particuliers que les autres n'auraient pas d'après les indispositions d'un projet de loi qui établirait le préciput et la primogéniture comme dans l'ancien régime présenté par M. le garde des sceaux à la chambre des Pairs de France!

Non, cela ne vaut rien pour le moment actuel; et ça ne passera pas, me suis-je dit à moi-même, comme une lettre à la poste.

J'avais eu le nez bon, comme l'a prouvé le résultat de l'issue et de l'événement de la dissertation de MM. les Pairs, que Dieu bénisse pour le bien qu'ils nous ont fait ! Et tout d'abord je me suis mis à mettre dessus cet objet des rimes bout à bout, ce qui est pour moi un grand amusement. J'ai traité les personnages qui ont joué un rôle dans toute cette bagarre avec le respect que je dois dans ma position à des supérieurs, enfin à un quelqu'un élevé au-dessus de ma petite hémisphère et qui touche sur le budjet de forts appointemens, pendant que moi je paie dans l'obscurité mes impositions directes et indirectes.

Mais est-il exigeant que je fasse la profession de foi de mes principes et de mes sentimens que je partage? Hé bien! je ne demande pas mieux; et je peux la crier tout haut, avec l'assurance d'un bon citoyen et d'une conscience pure.

Je suis attaché à la Charte et aux institutions, autant que je pourrais l'être au gouvernement représentatif.

J'aime le Roi pour sa bonté et sa loyauté, et parce qu'il a juré de faire notre bonheur avec la Charte, et qu'il a dit en montant sur le trône, *point de hallebardes !* et qu'il a renvoyé toutes les censures qui étaient de dessus les journaux tout ce qu'il y avait de solide contre les abus et les Jésuites, et qui empêchaient qu'on ne dise du bien de Henri IV et de son petit-fils monseigneur le Dauphin.

Maintenant, je dirai sans détour que, suivant ma façon

do penser (quoique jo puis mo tromper), les ministres qui composent le ministère dans lo temps actuel, ne remplissent point les bonnes intentions du Roi Sa Majesté. Seulement, quand je viens à songer à part moi qu'ils aident à faire mourir tous ces malheureux et braves Grecs qui se battent comme des lions, en favorisant les farouches Egyptiens de la Turquie et du pays des Ottomans do Mahomet, qui ne sont pas chrétiens comme nous qui sommes catholiques, cela me fait bouillir d'indignation.

Tout le monde connaît l'humeur naturelle de mon petit chien, qui est, ainsi qu'ils disent, comme le chien de Jean de Nivelles. Si d'aucuns particuliers qui brouillent journellement toutes les affaires du royaume et qui s'y entenden joliment, étaient de ce caractère-là, foi de Cadet Roussel je les appellerais de toutes me forces.

Enfin, pour finir par un conclusion finale comme j'a

commencé, je peux me vanter que je suis Français, et j'ai voulu faire voir aussi que je suis un peu troubadour.

COMPLAINTE

SUR LA MORT

DU DROIT D'AINESSE.

Sur la même air que toutes les plus fameuses complaintes.

I.

L'AN huit cent vingt-six et mille,
Dans le temps de jubilé,
Par Montrouge (*) un peu stylé
Et se croyant fort habile,
Monsieur le garde des sceaux (**)
Un jour nous prit pour des sots.

(*) Montrouge est un joli endroit proche la barrière d'Enfer où ce que les Jésuites ont mis leur quartier-général.

(**) C'est le ministre de la justice sur qui roulent les tribunaux; comme qui dirait qu'il tient la balance et qu'il pèse.

II.

Contre le droit de nature (*),
En trop zélé *factotum*,
Il se charge d'un *factum*
Pour la primogéniture (**):
Aussitôt, de toute part,
Le canon d'alarme part.

(*) Le droit de nature est, selon que disent d'aucuns auteurs, écrit dans le droit naturel. Toutefois, cette opinion n'est pas adoptée par le général des savans, puisqu'il y en a d'aucuns qui avancent que c'est le droit naturel qui est écrit dans la nature.

(**) La primogéniture, c'est comme quoi on est né le premier : c'est ce qui fait qu'on est l'aîné. Ainsi, un exemple : moi, j'aurais un frère jumeau qui est né le second, eh bien ! pour lors, je serais le cadet.

III.

Tout partout on se tourmente
Au sujet des fils puînés (*);
Les pères et les aînés,
Les mères qu'on violente
Dedans leurs affections,
Signent des pétitions (**).

(*) Les puînés sont des cadets, par la raison que les cadets sont des puînés.

(**) Les pétitions sont la voie par quoi un chacun citoyen peut faire connaître ses griefs: c'est le plus beau droit que la Charte donne aux Français. Ainsi, une supposition: vous avez une idée, ou vous vous plaignez d'une vexation injuste d'un factionnaire responsable. Hé bien! vous couchez par écrit votre pétition. Après un certain temps, on la renvoie au bureau des enseignemens, ou on la met à l'ordre du jour. Pour lors, vous avez obtenu justice.

IV.

Les cadets font pacotilles
De certain légume sec (*),
Afin de troquer avec
Les amateurs de lentilles,
Pour ce droit que d'Esaü
On sait que Jacob a eu (**).

(*) Je sais bien qu'il fallait *sèche*; mais j'ai cru devoir mettre, pour que ça rime, *sec*.

(**) *Voyez* l'extrait de la Genèse, ci-après pag. 38 et suiv.

V.

En vain l'on leur fit un crime
De se plaindre et de grogner,
Lorsqu'on voulait leur rogner
La portion légitime (*) :
Tout le monde bien gaîment
Prépara son testament.

(*) Il est probable que l'auteur veut faire allusion aux pétitions. (*Note de l'Éditeur.*)

VI.

Des sceaux l'agréable garde,
Sa Grandeur de Peyronnet,
Vint nous déclarer tout net
Que cela ne nous regarde,
Et qu'on est mieux avisé
Quand on est civilisé (*).

(*) *Voyez* la note du couplet en face.

VII.

Il faut être des sauvages,
A-t-il dit à haute voix,
Il faut être homme des bois,
Pour tenir à nos partages :
Voir dans son frère un égal
Est d'un naturel brutal (*).

(*) « Les sentimens que vous invoquez sont naturels sans doute, mais seulement dans l'état sauvage et grossier d'une nature ignorante et brutale. Ils sont naturels au milieu des bois. Ceux que j'invoque, au contraire, sont les sentimens naturels de l'homme moral, de l'homme cultivé et poli. » (*Discours de M. de Peyronnet, séance de la Chambre des Pairs*, 29 mars. MONITEUR.)

VIII.

Sans plus de pitié qu'Hérode
Pour les cadets innocens,
Il les attaque en tout sens;
En lambeaux il met le Code;
Puis il traite Montesquieu (*),
Ainsi qu'un petit monsieu.

(*) Défunt M. le président de Montesquieu était un malin qui a écrit sur les lois, et qui était plus fort que bien des ministres des plus huppés. En revanche, il y a des ministres qui détachent mieux la poésie que Montesquieu, selon ce que m'a dit mon propriétaire qui a lu les vers cités par le *Mercure du XIXe siècle*.

IX.

Un procureur de Bretagne,
Qui n'est pas La Chalotais (*),
Vint plaider, comme au palais,
Tout en battant la campagne :
Il dégoisa tant qu'il put
En faveur du préciput (**).

(*) Feu M. de La Chalotais, que les Jésuites firent mettre en prison, et auquel ils n'ont point pardonné cela. C'est le même qui vient d'être défendu solidement par M. Bernard, célèbre avocat au barreau de Rennes, où M. le comte de Corbière, au jour d'aujourd'hui ministre de l'intérieur, s'est fameusement distingué comme procureur.

(**) Séance de la Chambre des Pairs, 31 mars 1826.

X.

Le ministre de la guerre
Vint prendre part au combat;
Pour terminer le débat
Avec sa voix de tonnerre,
Comme un terrible Attila (*),
Il vint mettre le holà.

(*) J'ai trouvé sur le Dictionnaire de l'Histoire, que ce tyran guerrier était un Hun; cet Hun n'était pas cet autre qui fut appelé d'abord le *Fils chéri de l'Église*, et puis après le *Fléau de Dieu*, et qui fit de son frère Joseph le tyran illégitime de l'Espagne.

XI.

Ce dernier (on nous l'assure),
D'un ton de voix solennel,
Dit que le droit naturel
Est écrit dans la nature (*) ;
Nul ne contesta ce point ;
Et l'on ne réclama point.

(*) « Le droit naturel de l'homme (tel « qu'on doit l'entendre), n'est et ne peut « être autre chose que le droit de l'homme « dans l'état de nature..... Or, ce droit cesse « évidemment là où l'état de société com- « mence ; et comme il est naturel à l'homme « de vivre en société, il en résulte que l'état « de société est l'état naturel de l'homme ; « et par conséquent les droits qui résultent « de l'état et de la nature de la société, sont « les véritables droits naturels. » (*Discours de M. de Clermont-Tonnerre à la Chambre des Pairs, séance du 5 avril* 1826.).

XII.

L'ancien chanoine d'Auxerre (*),
Vidame de Chastellux,
Dit : « Messeigneurs, *fiat lux*
« Dans cette obscure matière ;
« Car, quoique j'en parle bien,
« Ma foi, je n'y comprends rien. »

(*) Dans le journal d'Avallon, du 14 mars 1825, on lit un exploit fait à la requête de très-noble et très-illustre seigneur, César-Laurent, comte de Chastellux, vicomte d'Avallon, baron de Quarré-les-Tombes, premier chanoine honoraire et héréditaire de la cathédrale d'Auxerre, maréchal-de-camp, etc. (*Note de l'éditeur.*)

XIII.

Puis un autre dit en somme :
« Je veux parler un moment ;
» Il est clair, mon argument ;
» Je l'explique, et voici comme :
» L'aîné prendra tout le bien,
» Et les autres n'auront rien (*). »

(*) Coutume du royaume d'Ivetot, au pays de Sapience.

XIV.

On avait bien raison d'être
Peu content de ce bagout ;
Tout le monde n'a pas goût
A se faire moine ou prêtre,
Et les filles, bien souvent,
N'aiment guère le couvent.

XV.

Dessus la première article,
Quand on eut dit son latin,
On vota par le scrutin,
Et la chambre dit : BERNICLE.
Du moment que ça se fit,
Le projet fut déconfit.

XVI.

Tous les pétitionnaires,
Que monsieur de Saint-Chamans
Traita, sans ménagemens,
En révolutionnaires (*);
Les bons Pairs, pendant ce temps,
Les traitaient en bons enfans.

(*) Séance de la Chambre des Député[illegible]
8 avril 1826.

XVII.

Aussi, monsieur de Chabrole (*)
Déblatérait de son mieux
Contre tous ces factieux (**) :
Et cela paraissait drôle.
Mais dans sa famille assez
Les cadets sont bien placés.

(*) Je me suis permis, par licence, de ttre un *e* au bout du nom de M. le comte Chabrol de Crouzol, ministre de la ma-, et particulier très-connu dans les mon-es d'Auvergne. (*Note de l'auteur.*)

(**) Séance de la Chambre des Pairs, 1er avril 1826.

XVIII.

Au milieu de la séance
De messieurs les Députés (*),
Sortit, d'un air dépité,
Le ministre de finance;
On vit son nez s'allonger :
Ce qui fit beaucoup songer.

(*) 8 avril 1826.

XIX.

Raviver le droit d'aînesse,
Quand nous sommes tous contens
Qu'il soit mort depuis trente ans (*),
C'est n'avoir pas trop d'adresse :
Ceux qui font de tels projets
Ne sont pas de fiers cadets.

(*) 1790 et 1791.

XX.

Tout Paris dans l'allégresse (*)
Veut enterrer le défunt ;
Pour lors on voit un chacun
Illuminer sa fenêtre (**) :
On prend les pétitions,
Pour allumer les lampions.

(*) L'auteur avait écrit d'abord *dans le bien être ;* puis il a mis *dans l'allégresse*, voulant apparemment un terme plus énergique. Quoiqu'il soit un peu hasardé de faire rimer *allégresse* avec *fenêtre*, nous avons conservé cette version pour la rareté du fait et par respect pour le texte. (*Note de l'éditeur.*)

(**) Je suis bien aise moi-même que l'histoire sache que j'avais mis trois chandelles sur mes cinq croisées, dans la rue Saint-Martin, quoiqu'elles soient un peu élevées au-dessus du pavé. Mais je veux conter, à propos *d'illumination*, comme il y en a

XXI.

Ce grand jour, où l'on tint ferme
Pour notre Charte en péril,
Est le huitième d'avril;
C'est juste le jour du terme
Pour les emménagemens
Et les déménagemens.

---

d'aucuns qui font de drôles de *pataquès*, quand une personne n'a pas été éduquée à lire sur les livres et qui ne savent pas le dictionnaire. Ce soir-là, je rencontre un faubourien qui me dit : « Tiens, et toi, as-tu « vu les *humiliations ?* » Je ne pus m'empêcher de rire en me tenant les côtés, et je me dis : « Ah bien! en voilà une sévère! »

TEXTE DE LA BIBLE

SUR

LE DROIT D'AINESSE.

CAP. XXVII. — § I.

1. Senuit autem Isaac, et caligaverunt oculi ejus, et videre non poterat : vocavitque Esaü filium suum majorem, et dixit ei : Fili mi? Qui respondit : Adsum.

2. Cui pater : Vides, inquit, quòd senuerim, et ignorem diem mortis meæ.

3. Sume arma tua, pharetram, et arcum, et egredere foras : cumque venatu aliquid apprehenderis,

4. Fac mihi indè pulmentum sicut velle

EXTRAIT DE LA GENÈSE

SUR

LE DROIT D'AINESSE.

Chap. XXVII. — § I.

1. Isaac étant devenu fort vieux, ses yeux s'obscurcirent de telle sorte qu'il ne pouvait plus voir. Il appela donc Esaü son fils aîné, et lui dit : Mon fils. Me voici, dit Esaü.

2. Son père ajouta : Vous voyez que je suis fort âgé, et que j'ignore le jour de ma mort.

3. Prenez vos armes, votre carquois et votre arc ; et sortez dehors : et lorsque vous aurez pris quelque chose à la chasse,

4. Vous me l'apprêterez comme vous

me nosti, et affer ut comedam, et benedicat tibi anima mea antequàm moriar.

5. Quod cùm audisset Rebecca, et ille abiisset in agrum ut jussionem patris impleret,

6. Dixit filio suo Jacob : Audivi patrem tuum loquentem cum Esaü fratre tuo, et dicentem ei :

7. Affer mihi de venatione tua, et fac cibos ut comedam, et benedicam tibi coram Domino antequàm moriar.

8. Nunc ergo, fili mi, acquiesce consiliis meis.

9. Et pergens ad gregem, affer mihi duos hœdos optimos, ut faciam ex eis escas patri tuo, quibus libenter vescitur.

10. Quas cùm intuleris, et comederit, benedicat tibi priusquàm moriatur.

savez que je l'aime; et vous me l'apporterez, afin que j'en mange, et que je vous bénisse avant que je meure.

5. Rebecca entendit ces paroles; et Esaü étant allé dans les champs pour faire ce que son père lui avait commandé,

6. Elle dit à Jacob son fils : J'ai entendu votre père qui parlait à votre frère Esaü, et qui lui disait :

7. Apportez-moi quelque chose de votre chasse, et préparez-moi de quoi manger, afin que je vous bénisse devant le Seigneur avant que je meure.

8. Suivez donc maintenant, mon fils, le conseil que je vais vous donner.

9. Allez-vous-en au troupeau et apportez-moi deux des meilleurs chevreaux que vous trouverez, afin que j'en prépare à votre père une sorte de mets que je sais qu'il aime;

10. Et qu'après que vous le lui aurez présenté et qu'il en aura mangé, il vous bénisse avant qu'il meure.

11. Cui ille respondit: Nosti quòd Esaü frater meus homo pilosus sit, et ego lenis.

12. Si attrectaverit me pater meus, et senserit, timeo ne putet me sibi voluisse illudere, et inducam super me maledictionem pro benedictione.

13. Ad quem mater: In me sit, ait, ista maledictio, fili mi: tantùm audi vocem meam, et pergens affer quæ dixi.

14. Abiit, et attulit, deditque matri. Paravit illa cibos, sicut velle noverat patrem illius.

15. Et vestibus Esaü valde bonis, quas apud se habebat domi, induit eum.

16. Pelliculasque hoedorum circumdedit manibus, et colli nuda protexit.

11. Jacob lui répondit : Vous savez que mon frère Esaü a le corps velu, et que moi je n'ai point de poil.

12. Si mon père vient donc à me toucher avec la main et qu'il s'en aperçoive, j'ai peur qu'il ne croie que je l'ai voulu tromper, et qu'ainsi je n'attire sur moi sa malédiction au lieu de sa bénédiction.

13. Sa mère lui répondit : Mon fils, je me charge moi-même de cette malédiction que vous craignez ; faites seulement ce que je vous conseille, et allez me quérir ce que je vous dis.

14. Il y alla, il l'apporta, et il le donna à sa mère, qui en prépara à manger à son père, comme elle savait qu'il le désirait.

15. Elle fit prendre ensuite à Jacob de très-beaux habits d'Esaü, qu'elle gardait elle-même au logis.

16. Et elle mit autour de ses mains la peau de ces chevreaux, et lui en couvrit le cou partout où il était découvert.

17. Deditque pulmentum, et panes quos coxerat tradidit.

18. Quibus illatis, dixit : Pater mi? At ille respondit : Audio. Quis es tu, fili mi?

19. Dixitque Jacob : Ego sum primogenitus tuus Esaü : feci sicut præcepisti mihi : surge, sede, et comede de venatione mea, ut benedicat mihi anima tua.

20. Rursumque Isaac ad filium suum : Quomodo, inquit, tam citò invenire potuisti, fili mi? Qui respondit : Voluntas Dei fuit ut citò occurreret mihi quod volebam.

21. Dixitque Isaac : Accede huc, ut tangam te, fili mi, et probem utrùm tu sis filius meus Esaü, an non?

22. Accessit ille ad patrem, et palpato eo, dixit Isaac : Vox quidem, vox Jacob est : sed manus, manus sunt Esaü.

17. Puis elle lui donna ce qu'elle avait préparé à manger, et les pains qu'elle avait cuits.

18. Jacob porta tout devant Isaac, et lui dit : Mon père. Je vous entends, dit Isaac : Qui êtes-vous, mon fils?

19. Jacob lui répondit : Je suis Esaü votre fils aîné; j'ai fait ce que vous m'avez commandé : levez-vous, asseyez-vous sur votre lit, et mangez de ma chasse, afin que vous me donniez votre bénédiction.

20. Isaac dit encore à son fils : Mais comment avez-vous pu, mon fils, en trouver si-tôt? Il lui répondit : Dieu a voulu que ce que je désirais se présentât tout d'un coup à moi.

21. Isaac dit encore : Approchez-vous d'ici, mon fils, afin que je vous touche, et que je reconnaisse si vous êtes mon fils, ou non.

22. Jacob s'approcha de son père; et Isaac l'ayant tâté, dit : Pour la voix, c'est la voix

23. Et non cognovit eum, quia pilosæ manus similitudinem majoris expresserant. Benedicens ergo illi,

24. Ait : Tu es filius meus Esaü? Respondit : Ego sum.

25. At ille : Affer mihi, inquit, cibos de venatione tua, fili mi, ut benedicat tibi anima mea. Quos cùm oblatos comedisset, obtulit ei etiam vinum, quo hausto,

§ 2.

26. Dixit ad eum : Accede ad me, et da mihi osculum, fili mi.

27. Accessit, et osculatus est eum. Statique ut sensit vestimentorum illius fragrantiam, benedicens illi, ait : Ecce odor filii mei sicut odor agri pleni, cui benedixit Dominus

le Jacob; mais les mains sont les mains d'Esaü.

23. Et il ne le reconnut point, parce que ses mains, étant couvertes de poil, parurent toutes semblables à celles de son aîné. Isaac le bénissant donc,

24. Lui dit : Êtes-vous mon fils Esaü? Je le suis, répondit Jacob.

25. Mon fils, ajouta Isaac, apportez-moi à manger de votre chasse, afin que je vous bénisse. Jacob lui en présenta; et après qu'il en eut mangé, il lui présenta aussi du vin, qu'il but.

§ 2.

26. Isaac lui dit ensuite : Approchez-vous de moi, mon fils, et venez me baiser.

27. Il s'approcha donc de lui, et le baisa. Et Isaac, aussitôt qu'il eut senti la bonne odeur qui sortait de ses habits, lui dit en le bénissant : L'odeur qui sort de mon fils est semblable à celle d'un champ plein de fleurs que le Seigneur a comblé de ses bénédictions.

28. Det tibi Deus de rore cœli, et de pinguedine terræ, abundantiam frumenti et vini.

29. Et serviant tibi populi, et adorent te tribus : esto Dominus fratrum tuorum, et incurventur ante te filii matris tuæ. Qui maledixerit tibi, sit ille maledictus : et qui benedixerit tibi, benedictionibus repleatur.

§ 3.

30. Vix Isaac sermonem impleverat, et egresso Jacob foras, venit Esaü.

31. Coctosque de venatione cibos intulit patri, dicens : Surge, pater mi, et comede de venatione filii tui, ut benedicat mihi anima tua.

32. Dixitque illi Isaac : Quis enim es tu ? Qui respondit : Ego sum filius tuus primogenitus Esaü.

28. Que Dieu vous donne une abondance de blé et de vin, de la rosée du ciel, et de la graisse de la terre.

29. Que les peuples vous soient assujétis, et que les tribus vous adorent. Soyez le seigneur de vos frères, et que les enfans de votre mère s'abaissent profondément devant vous. Que celui qui vous maudira, soit maudit lui-même; et que celui qui vous bénira, soit comblé de bénédictions.

§ 3.

30. Isaac ne faisait que d'achever ces paroles; et Jacob était à peine sorti dehors, lorsqu'Esaü entra,

31. Et que, présentant à son père ce qu'il avait apprêté de sa chasse, il lui dit : Levez-vous, mon père, et mangez de la chasse de votre fils, afin que vous me donniez votre bénédiction.

32. Isaac lui dit : Qui êtes-vous donc? Esaü lui répondit : Je suis Esaü votre fils aîné.

33. Expavit Isaac stupore vehementi ; et ultrà quam credi potest, admirans, ait : Quis igitur ille est qui dudùm captam venationem attulit mihi, et comedi ex omnibus priusquam tu venires ? Benedixique ei, et erit benedictus.

34. Auditis Esaü sermonibus patris, irrugiit clamore magno ; et consternatus, ait : Benedic etiam et mihi, pater mi.

35. Qui ait : Venit germanus tuus fraudulenter, et accepit benedictionem tuam.

36. At ille subjunxit : Justè vocatum est nomen ejus Jacob* ; supplantavit enim me in altera vice : Primogenita mea antè tulit, et nunc secundò surripuit benedictionem meam. Rursumque ad patrem : Numquid non reservasti, ait, et mihi benedictionem?

* Jacob signifie SUPPLANTATEUR.

33. Isaac fut frappé d'un profond étonnement ; et admirant au-delà de tout ce qu'on en peut croire ce qui était arrivé, il lui dit : Qui est donc celui qui m'a déjà apporté de ce qu'il avait pris à la chasse, et qui m'a fait manger de tout avant que vous vinssiez? et je lui ai donné ma bénédiction, et il sera béni.

34. Esaü, à ces paroles de son père, jeta un cri furieux; et, étant dans une extrême consternation, il lui dit : Donnez-moi aussi votre bénédiction, mon père.

35. Isaac lui répondit : Votre frère m'est venu surprendre, et il a reçu la bénédiction qui vous était due.

36. C'est avec raison, dit Esaü, qu'il a été appelé Jacob ; car voici la seconde fois qu'il m'a supplanté. Il m'a enlevé auparavant mon droit d'aînesse, et présentement il vient encore de me dérober la bénédiction qui m'était due. Mais, mon père, ajouta Esaü, n'avez-vous donc point réservé aussi une bénédiction pour moi?

37. Respondit Isaac : Dominum tuum illum constitui, et omnes fratres ejus servituti illius subjugavi : frumento et vino stabilivi eum; et tibi post hæc, fili mi, ultrà quid faciam ?

38. Cui Esaü : Num unam, inquit, tantùm benedictionem habes, pater ? mihi quoque, obsecro, ut benedicas. Cumque ejulatu magno fleret,

§ 4.

39. Motus Isaac, dixit ad eum : In pinguedine terræ, et in rore cœli desuper,

40. Erit benedictio tua. Vives in gladio, et fratri tuo servies : tempusque veniet, cùm excutias, et solvas jugum ejus de cervicibus tuis.

41. Oderat ergo semper Esaü Jacob pro benedictione quâ benedixerat ei pater : dixitque in corde suo : Venient dies luctûs patris mei, et occidam Jacob fratrem meum.

37. Isaac lui répondit : Je l'ai établi votre seigneur, et j'ai assujéti à sa domination tous ses frères. Je l'ai affermi dans la possession du blé et du vin; et après cela, mon fils, que me reste-t-il à faire pour vous?

38. Esaü lui repartit : N'avez-vous donc, mon père, qu'une seule bénédiction? Je vous conjure de me bénir aussi. Il jeta ensuite de grands cris mêlés de larmes.

§ 4.

39. Et Isaac en étant touché, lui dit : Votre bénédiction sera dans la graisse de la terre et dans la rosée du ciel qui vient d'en haut.

40. Vous vivrez de l'épée; vous servirez votre frère; et le temps viendra que vous secouerez son joug, et que vous vous en délivrerez.

41. Esaü haïssait donc toujours Jacob, à cause de cette bénédiction qu'il avait reçue de son père; et il disait en lui-même: Le temps de la mort de mon père viendra, et alors je tuerai mon frère Jacob.

42. Nuntiata sunt hæc Rebeccæ : quæ mittens et vocans Jacob filium suum, dixit ad eum : Ecce Esaü frater tuus minatur ut occidat te.

43. Nunc ergo, fili mi, audi vocem meam, et consurgens fuge ad Laban fratrem meum in Haran.

44. Habitabisque cum eo dies paucos, donec requiescat furor fratris tui ;

45. Et cesset indignatio ejus, obliviscaturque eorum quæ fecisti in eum : posteà mittam, et adducam te, indè huc. Cur utroque orbabor filio in uno die ?

46. Dixitque Rebecca ad Isaac : Tœdet me vitæ meæ propter filias Heth : si acceperit Jacob uxorem de stirpe hujus terræ, nolo vivere.

FINIS.

42. Ce qui ayant été rapporté à Rebecca, elle envoya quérir son fils Jacob, et lui dit : Voilà votre frère Esaü qui menace de vous tuer.

43. Mais, mon fils, croyez-moi : hâtez-vous de vous retirer vers mon frère Laban, qui est à Haran.

44. Vous demeurerez quelques jours avec lui, jusqu'à ce que la fureur de votre frère s'apaise,

45. Que sa colère se passe, et qu'il oublie ce que vous avez fait contre lui. J'enverrai ensuite pour vous faire revenir ici. Pourquoi perdrai-je mes deux enfans en un même jour?

46. Rebecca dit ensuite à Isaac : La vie m'est devenue ennuyeuse à cause des filles de Heth qu'Esaü a épousées. Si Jacob épouse une fille de ce pays-ci, je ne veux plus vivre.

FIN.

www.ingramcontent.com/pod-product-compliance
Ingram Content Group UK Ltd.
Pitfield, Milton Keynes, MK11 3LW, UK
UKHW031959260826
14628UKWH00005B/2155

9 782019 679491